희미한 행복이 스쳐지날 때
비로소 나는 살아야겠다

희미한 행복이 스쳐지날 때
비로소 나는 살아야겠다

초판 1쇄 발행 2024년 6월 5일

지은이 김채원
펴낸이 장현수
펴낸곳 메이킹북스
출판등록 제 2019-000010호

디자인 이정아
편집 이정아
교정 안지은
마케팅 김소형

주소 서울특별시 구로구 경인로 661, 핀포인트타워 912-914호
전화 02-2135-5086
팩스 02-2135-5087
이메일 making_books@naver.com
홈페이지 www.makingbooks.co.kr

ISBN 979-11-6791-552-8(03810)
값 16,800원

ⓒ 김채원 2024 Printed in Korea

잘못된 책은 구입하신 곳에서 바꾸어 드립니다.
이 책의 전부 또는 일부 내용을 재사용하려면 사전에 저작권자와 펴낸곳의 동의를 받아야 합니다.

홈페이지 바로가기

메이킹북스는 저자님의 소중한 투고 원고를 기다립니다.
출간에 대한 관심이 있으신 분은 making_books@naver.com으로 보내 주세요.

김채원 시집

희미한 행복이 스쳐지날 때 비로소 나는 살아야겠다

메이킹북스

프롤로그
이런저런 생각에 지친 날들

살아가면서 나와 잘 맞는다고 생각하던 사람이
전혀 다른 생각을 가지고 살아갈 수도 있고
전혀 맞지 않다는 편견 가득한 사람이 또 의외로 나와 잘 맞을 수도 있다.
나에겐 아무것도 아닌 사사로운 작은 일이 상대방에겐 크게 작용하여 우울감이나 상실감이 오랫동안 갈 수도 있고, 반대로 지나고 보니 아무렇지 않게 훌훌 털어 낼 수 있었던 일이 나에게는 오랫동안 크게 머무를 수 있다. 삶이란 때때로 원치 않는 일들이 일어남의 연속이다.

사람은 다양한 감정을 가지고 살아간다.
같은 곳을 바라보더라도 다 다른 감정을 가지고 대하는 것을 보면 너무 신기하다.
직접 겪어 보지 않았다는 이유로 나의 일들을 쉽게 말하기도 하고 화내기도 한다. 그럼 또 다른 상처가 나에겐 더해진다.
많은 공감을 해주려고 하다가도 의도치 않은 방향으로 흘러갈 때도 많고 잘 하려는 마음만 앞서다가 본의 아니게 남에게 피해 주는 경우도 많다. 정말 모든 게 내 뜻대로 되지 않는 세상이다.

내 감정을 하소연하며 털어놓아도 잠시 동안만 사그라들 뿐 시간이 지나면 속에서 다시 스멀스멀 올라온다.

익숙해지는 고통은 없다. 언젠가는 곪아 터져 버릴 거고 그 땐 썩기 시작할 것이다.

마음의 고통이 있을 때마다 화도 내보고 옆 사람도 괴롭혀 봤다. 술로 달래도 보고, 배고파 보채는 아이처럼 엉엉 울어도 봤다. 이런 시간이 길어지니 어느 순간 나 자신이 너무 소중하다는 생각이 들었다.

어떻게 하면 나를 더 소중히 지킬 수 있을까.
곪을 거 같은 속을 드러내는 것도 자유로워지는 방법이고, 원치 않은 일이 일어난다 해도 그냥 그대로 받아들이는 것도 방법이다. 이미 일어난 일을 부정하는 순간 나에게 독이 된다. 힘들겠지만 최대한 받아들이되, 빨리 삭히는 걸 선택했다. 그래서 순간순간 감정들이 쌓여 곪아 썩기 전에 글을 썼다.

슬프면 슬픈 그대로, 기쁘면 기쁜 그대로, 그리우면 그리운 마음 그대로 써 내려가니 나빴던 것도 좋게 보이고 어여쁘게 보이기 시작했다. 고집도 내려놓게 되고 어느 순간 어디서든 솔직해지는 나 자신을 만나게 되었다. 솔직해지니 자존심도 내려놓게 되고 자존감은 되려 올라갔다.

살면서 나와 같은 생각을 다들 한 번쯤 해봤거나, 하면서 살고 있을 거라 생각이 드니 나의 글이 당신의 공감과 작은 위로가 될 거라는 용기가 생겼다.

남들 눈에 씩씩하고 행복해 보일 필요는 없다. 적어도 내 속에서 덜 수 있는 짐은 하나둘씩 내려놓아 괴로움에서 벗어날 필요가 충분히 있다고 생각이 든다. 복잡하고 신경 쓸 일도 많은 세상, 마음의 짐을 조금만 내려놓아도 세상은 아름다워 보이기 때문이다.

평범한 직장 생활을 하는 평범한 내가 글을 썼다.

이 시에는 그렇다 할 제목이 없다. 나의 입장, 당신의 입장, 떠나간 이의 입장, 사랑하는 이의 입장, 마음속에 담아 둔 어떠한 것들을 대입하여 읽다 보면 마음이 조금이라도 달래질까 하는 마음에 제목을 붙이지 않았다.

이 책이 당신의 곁에서 순간순간 공감과 위로, 그리고 용기가 되어 당신의 삶이 안온해지길 간절히 소망해 본다.

내 작은 글을 통해
당신의 하루가 변할 수 있기를 바라고
당신에게 위로가 될 수 있기를 간절히 바란다.

차례

프롤로그
4 이런저런 생각에 지친 날들

1장
해오름달, 홀로 앓았던 그 날

16 해오름달, 하루
17 해오름달, 이틀
18 해오름달, 사흘
19 해오름달, 나흘
20 해오름달, 닷새
21 해오름달, 엿새
22 해오름달, 이레
23 해오름달, 여드레
24 해오름달, 아흐레
25 해오름달, 열흘
26 해오름달, 열하루
28 해오름달, 열이틀
30 해오름달, 열사흘
31 해오름달, 열나흘
32 해오름달, 보름
33 해오름달, 열엿새
34 해오름달, 열이레
35 해오름달, 열여드레
36 해오름달, 열아흐레
38 해오름달, 스무날

2장
시샘달, 오늘따라 하늘은 높다

42 시샘달, 하루
43 시샘달, 이틀
44 시샘달, 사흘
46 시샘달, 나흘
47 시샘달, 닷새
48 시샘달, 엿새
50 시샘달, 이레
52 시샘달, 여드레
54 시샘달, 아흐레
55 시샘달, 열흘
56 시샘달, 열하루
57 시샘달, 열이틀
58 시샘달, 열사흘
59 시샘달, 열나흘
60 시샘달, 보름
61 시샘달, 열엿새
62 시샘달, 열이레
63 시샘달, 열여드레
64 시샘달, 열아흐레
66 시샘달, 스무날
68 시샘달, 세이레
69 시샘달, 스무이틀
70 시샘달, 스무사흘
71 시샘달, 스무나흘
72 시샘달, 스무닷새

3장
물오름달, 기다리는 이는 오지 않고

76 물오름달, 하루
77 물오름달, 이틀
78 물오름달, 사흘
79 물오름달, 나흘
80 물오름달, 닷새
81 물오름달, 엿새
82 물오름달, 이레
84 물오름달, 여드레
86 물오름달, 아흐레
87 물오름달, 열흘
88 물오름달, 열하루

89 물오름달, 열이틀
90 물오름달, 열사흘
91 물오름달, 열나흘
92 물오름달, 보름
93 물오름달, 열엿새
94 물오름달, 열이레
95 물오름달, 열여드레
96 물오름달, 열아흐레
97 물오름달, 스무날
98 물오름달, 세이레
99 물오름달, 스무이틀

4장
잎새달, 내 마음에도 드는 햇살

102 잎새달, 하루
103 잎새달, 이틀
104 잎새달, 사흘
105 잎새달, 나흘
106 잎새달, 닷새
107 잎새달, 엿새
108 잎새달, 이레
109 잎새달, 여드레
110 잎새달, 아흐레
111 잎새달, 열흘
112 잎새달, 열하루
113 잎새달, 열이틀

114 잎새달, 열사흘
115 잎새달, 열나흘
116 잎새달, 보름
118 잎새달, 열엿새
119 잎새달, 열이레
120 잎새달, 열여드레
121 잎새달, 열아흐레
122 잎새달, 스무날
123 잎새달, 세이레
124 잎새달, 스무이틀
125 잎새달, 스무사흘

5장
푸른달, 우리는 꼭 행복할 거니까

128 푸른달, 하루
130 푸른달, 이틀
132 푸른달, 사흘
133 푸른달, 나흘
134 푸른달, 닷새
135 푸른달, 엿새
136 푸른달, 이레
137 푸른달, 여드레
138 푸른달, 아흐레
139 푸른달, 열흘
140 푸른달, 열하루
141 푸른달, 열이틀
142 푸른달, 열사흘
143 푸른달, 열나흘
144 푸른달, 보름
145 푸른달, 열엿새
146 푸른달, 열이레
147 푸른달, 열여드레
148 푸른달, 열아흐레
150 푸른달, 스무날
151 푸른달, 세이레
152 푸른달, 스무이틀
154 푸른달, 스무사흘
155 푸른달, 스무나흘
156 푸른달, 스무닷새

에필로그
158 다 짊어지고 살지 않아도 괜찮다

1장
해오름달, 홀로 앓았던 그날

잘 살아 보려고 하다 보니
뜻대로 되지 않을 때도 생기네,
그래도 괜찮다
이 또한 지나갈 테니

해오름달, 하루

불안함이 깨운 고요한 모두가 잠든 새벽
내 속에 들려오는 요동치는 심장소리
울려대는 심장을 납작 엎드려 눌러 달래고

마지막까지 큰 한숨으로 뱉어내다
다시 속에 응어리 가득 차오르면
어두운 천장만 한없이 쳐다본다

기다린 적 없는 하루가 다가오면
멍하니 시간만 흘려보내다
또 하루를 꾸역꾸역 견뎌낸다

요동 없는 포근한 어둠이 그립고
설레는 잔잔한 아침이 그립다

두려움 없는 아침이 그립다

해오름달, 이틀

세상에 한 발자국 내디뎌본다
온 힘을 다해 작은 다리에 힘을 주니
발끝은 두렵고, 얼굴 앞은 환하다

미소를 따라서 한두 걸음
아슬아슬하다 넘어지나 싶더니
속절없이 바닥으로 기울어진다

서러울 것도 없이 훌쩍
한참을 울다 고개를 들면
온기 가득한 나의 전부가 나를 다독인다

해오름달, 사흘

조금만 더 곁에 있어주라
타들어 가는 얇은 심지여도
흩날리는 잿더미라도 좋으니
조금만 더 옆에 남아주라

사라질 존재에 실컷 아파해도
그러다 쓰러져도 혼자 견뎌내고
너의 크기만큼 홀로 삼킬 테니

내 욕심일지라도
너의 사지가 타 들어가도
지금 내가 죽겠으니 한 번만 봐주라

내 삶의 전부였던
내 삶의 이유였던 나의 전부야

해오름달, 나흘

차디찬 바람에 멍하니 서 있다
머리칼 아무렇게나 흩날리고
두 볼은 빨개진 채 눈시울은 뜨겁다

정신 나간 사람처럼
허공을 바라본다

시선이 아래로 떨어지면
바짝 마른 풀가지가
머리칼처럼 아무렇게나 흩날린다

바싹 메마른 게
바람에 곧 부러질 듯 위태롭다

지금 내 모습일까
한참을 바라본다

해오름달, 닷새

질펀한 흙 속에 파묻혀
차가움이 서서히 몰려오면
한순간 숨이 탁 막혀
일순간 괴로움에 발버둥 친다

온몸엔 스르륵 힘이 빠져
내 숨이 점차 멎어가면
차디찬 흙이 따뜻해진다

괴로움 끝은 얼마나 가야 보일까
일말의 희망을 간절히 빌어본다

희미한 행복이 스쳐지날 때
비로소 나는 살아야겠다

해오름달, 엿새

여유 없는 틈 사이로
억지로 비집고 들어와
구석 한편에 자리 잡고

존재 모를 내 행복에
아무도 모르게 먹칠한다

서서히 점점 번져가
그 존재가 느껴지면
그땐 마냥 당해야 하나

야틈한 미소마저 용납 않고
내 속은 어둠으로 물들어간다

해오름달, 이레

다정한 미소와 포근한 품
깨질 수 없는 신뢰

나의 전부라 믿고 싶은
없어지면 안 되는 존재

그렇게 너는 내 우주다

반짝이는 별들이 있고
뜨겁지 않은 온기도 있어

가까이 다가가도 멀어지지 않고
무섭게 달려들어도 도망가지 않는
사라지지 않을 영원한 내 우주야

나도 너에게 그런 존재일까

해오름달, 여드레

제일 높은 곳으로 올라가
더 이상 오를 곳도 없는 곳에
여기가 끝이다 싶은 순간
휙 고개를 떨구어 발끝을 본다

잘게 쪼개진 뾰족한 돌조각들은
힘없이 이리저리 차이고 차여
낭떠러지 아래로 떨어진다

점점 작아진다
내 마음이 쪼개져 떨어진다

부서진 조각들이 내 눈에서 멀어지면
내 육체가 떨어지는지
내 혼이 멀어지는지

여기저기 부딪혀 쪼개진 거친 조각
그게 나였는지
내가 저런 존재였는지

해오름달, 아흐레

너의 작은 움직임에
내가 크게 요동친다

쿵 하고 높은 곳에서 떨어지고
질퍽한 땅속으로 한없이 꺼지기도 한다

귀를 막아도 들리고
눈을 감아도 보여

저 멀리 도망쳐 숨을 헉헉 뱉어도
고개를 돌리면 연기처럼 맴돌고 있다

피할 수도 없어
고스란히 느끼다 보면 무너진다
그러다 보면 이게 내 몫이겠지

그렇게 너는 뗄 수 없는 내 삶이다

해오름달, 열흘

몽글몽글 설레고
부드럽고 따뜻하다

힘껏 폴짝 뛰어 안길 땐
온몸을 포근히 감싸 안아준다

솜사탕처럼 기분 좋은 녹아듦에
취한 채 스르륵 잠이 들면
구름 위를 맘껏 뛰 다닌다

하늘빛 세상에
커다란 무지개에 다다를 땐
이마에 송골송골 땀이 맺힌다

다정한 속삭임에
번쩍이는 눈을 뜨면
내 볼에 느껴지는 너의 숨결에
나만 아는 자장가에
또다시 천국으로 빠져든다

해오름달, 열하루

세상 끝에 서 있다

시작점이 아닌 마지막이라 생각되는 곳
발길이 멈춰 선 곳에 아직도 서 있다

한참을 생각한다
그립고 고마운 얼굴
다정했던 말
따뜻한 손길

스쳐지나는 기억에
머리는 차가워지고
두 눈은 뜨거워진다

낭떠러지 뒤돌아 등 지면
끝나지 않을 텐데

여기가 벼랑 끝인지
여기가 삶의 끝인지

돌아설 용기도 없어서
돌아설 용기만 없어서

해오름달, 열이틀

내 전부가 사라진 상실감에
뚫려버린 허전한 내 마음의 구멍에는
차디찬 얼음조각이 날카롭게 꽂힌다

뾰족한 조각 끝은
생살을 미친 듯 후벼판다

너덜해진 속살 사이로 뜨거운 슬픔이 흘러넘쳐
온몸을 타고 흘러 바닥까지 붉게 흥건해질 때

가진 기쁨보다 잃은 슬픔이 크다 했던가
이리도 찢어지는 고통일 줄은 몰랐지

딱쟁이 앉을 틈 없이
매일 상처는 커지고
가슴은 조금씩 없어진다

온 힘 다해 뱉어낸 마지막 숨에도
여전히 생살은 찢어지고 있다

끝나도 멈추지 않는 공허한 흔적
끝나서도 안고 가야 하는 내 몫

해오름달, 열사흘

죽이려 덤벼든 것도 아니고
해치려 달려든 것도 아닌데

그 순간은 죽기보다 싫어서
멀리보다 더 멀리
공포에 질린 듯 도망쳐 왔지만

일순간 사그라든 현재에
고요하다 못해 숨죽인 어둠 속

나만 보이는 작은 점 하나에
심장은 미친 듯 뛰고
이불 속에 몸을 숨겨도
쫓아오는 작은 점에 울컥

침묵 속에 살아도
나를 향한 작은 점은
언제나 나를 괴롭힌다

해오름달, 열나흘

따뜻한 햇살 아래
꽃잎이 흩날리며 비가 된다

건반 위 뛰어다니며
함께 만든 아름다운 선율에
기분 좋은 흥얼거림

살랑 부는 바람 타고
우리만 아는 노래가
좁은 골목 가득 채우면
세상 전부가 너와 내가 된다

눈부신 하늘을 바라보다
옆으로 시선을 돌리면
보이는 기분 좋은 노랫소리

햇살 거두어 어둠이 몰려와도
내 하늘은 꽃잎처럼 희고 곱다

해오름달, 보름

나를 대하던 너의 모습이
한 편의 시로 남아 있다

한두 줄 읽어 내려갈 때마다
잔잔한 웅덩이엔 진동이 울린다

강한 요동에 사방으로 튀어
마른 땅에는 회색 흔적

나도 모를 눈물이 뺨을 타고 흐르면
뒤통수가 점점 뜨거워진다

뿌옇게 흐려진 눈동자엔
희미하게 쓰인 너의 모습

길지 않은 시 한 편이
가슴 끝에 새겨진다

해오름달, 열엿새

지난날들이 동화가 될 수 있을까
함께 지샌 날은 이야기가 될 수 있을까

함께 걷던 길가의 꽃들을 기억하고
무심코 올려다본 하늘을 새기고
사라질 때까지 손 흔들던 너를 눈에 담아

몇 번의 차가운 겨울이 지나야
나의 춥지 않은 봄이 찾아올까
코끝 시린 움츠림은 어디까지 갈는지

내가 피울 꽃도 어딘가에 뿌리를 내렸겠지
나도 모를 어딘가에 자리 잡았을 내 편은

지금 지나는 매정한 겨울이 가고
아린 흙이 노란빛 햇살에 걷어지면
나의 봄은 잊지 않고 찾아오겠지

오랜 시간 땅에 박힌 내 이야기도 햇살을 보길

해오름달, 열이레

조막만 한 하얀 손에 움켜쥔 한 줌
가는 손가락 끝에 온 힘이 몰린다

뺏길까 불안함도 금세
내 것인 걸 아는 것마냥
양손에 꼭 쥐고 살아간다

해오름달, 열여드레

바람 타고 흩날리는 꽃비
행복함만 가득한 이 세상에

웃음소리 사이 한 조각
조심스레 주워본다

흩날리는 한 장에
떨어지는 한 장에
너의 웃음소리 타면

온 세상 흐드러진 꽃들에
너의 웃음이 사라질까

내 앞에 떨어진 꽃잎을 주워본다
내 앞에 떨어진 너를 주워본다

해오름달, 열아흐레

말하지 못해도 귓가에 느껴지는 안녕
눈동자를 볼 수 없어도 보이는 너의 감정

그동안 얼마나 속이 썩었을까
소리 없이 울리는 울부짖음이
메아리처럼 머릿속에 맴돌 때

보이지 않은 서러움은
유리창에 비춰 떨어진다

모두가 잠든 새벽에야
홀로 울어 보았을 당신아

부서진 **뼈** 사이사이에는
원망과 후회가 스며들어
서서히 부식하여 뭉개진다

나의 세상은 이제 곧 흔적 없이 사라지지만
나로 인해 오랫동안 사라졌던 너의 세상은
곧 다시 시작할 테니 슬퍼 말고 걱정 마라

너에게만 들리는 인사를 나는 오늘도 하며
나는 너의 안녕을 살펴본다

갈 수 없는 너의 곁에
나는 오늘도 홀로 다가가
너의 안녕을 이렇게나마 빌어본다

오늘도 안녕

해오름달, 열아흐레

해오름달, 스무날

흔들리던 내 심장 위로 올라와
포근히 눌러 달래주던 내 사랑아

지친 하루를 힘겹게 이끌고
쓰러지듯 잠자리에 들 때

홀로인 듯 세상 짐을 이고
마음 둘 곳 없이 방황할 때

내 가슴 누르며 달래주던 내 사랑아
날아가던 행복 잡아 눌러준 내 편아

모든 것이 진정되면
내 마음 진정되면
고이 담아 돌려줄게

어제도 고맙고
오늘도 고마워

2장
시샘달,
오늘따라 하늘은 높다

언젠가는 겪어야 하는 일이라고 생각하자
금방 지나갈 것이며, 나는 견뎌낼 것이다

시샘달, 하루

까만 테두리 속 박힌 수천 개의 윤슬
너의 눈에 담긴 햇살 아래 빛나는 바다

잔잔한 물살에 별들이 흘러
넓은 바다를 빈틈없이 채우면
두 눈 감아도 반짝이는 눈동자

나만 알고 있는 빛나는 바다는
어둠이 몰려와도 달빛에 반짝이고
넋놓고 깊음에 빠져들 때엔
바다가 내 몸을 감싸 안는다

내려가는 시선에 멈춘 입술에 머물다
귓가에 퍼지는 잔잔한 부름에 올려다보면

여전히 꺼지지 않은 빛남에
다시 한번 빠져든다

나의 바다를 내 두 눈에 담고
잠들기 전 다시 감상을 한다

시샘달, 이틀

예상한 듯 흘러가는 상황은
피해 다녀도 결국엔 찾아오고
몇 번이나 다듬은 감정은 잊은 채
불안히 서 있는 나를 매정히 두고
멀어지는 뒷모습에 한없이 무너진다

깊고 차갑던 마지막 너의 두 눈빛에
허우적거리며 숨을 들이켤 때
숨구멍 사이로 딱딱한 눈빛이 스며든다

아무 잘못도 아니고 정해진 결말도 아닌데
그날 그 시간에 나는 참 오랫동안 갇혀 있다

흘러간 세월에, 말라버린 마음에
다시 꽃피울 수 있을까

비겁한 생각에 갇혀 내 영혼은 굳어간다

시샘달, 사흘

이유 모를 불안함에 떨리던 손을 잡으며
따스하게 달래주던 너를 기억하고
어지러운 과거를 잊게 해준 너를 기억해

기댈 곳 없이 떠돌던 심장을 잡아주며
내 흔들리던 눈빛에 반응하던 마음을 알아

울고 웃던 날들 모두 추억이 되지 못하고
멈춘 채 갇혀 거기가 내 삶인 듯
그 속이 현재인 듯 착각 속에 살아

어울리지도 않는 이곳에
우두커니 서서 살아가다

아무것도 할 수 없는 하찮음에
스스로를 원망하며 살아간다

점점 멀어지는 너는
나는 뗄 수 없어 끝내 잡고

알면서도 모른 척
좋은 기억마저 더럽힌다
희미해져가는 얼굴을 떠올리며

잊지 못할 그때를 영원히 잡고 싶어
질질 끄는 기억에 아직도 갇혀 있다

너의 그림자마저 사랑스러워하던
그때의 나를 너는 잊어가고 있을까

시샘달, 나흘

너를 볼 수 있음에 고맙고
만질 수 있음에 감사해

작은 손짓이 지난 자리엔 온기가 남고
촉촉한 두 눈의 별은 마음을 달랜다

조용한 숨소리에 평온해지고
달콤한 향기는 나를 행복하게 해

멀리 있어도 가까운 존재는
이 세상 두려움 없고

온 세상 가진 듯한 행복은
모든 게 다 나의 마음으로 보인다

기댈 수 있는 작은 존재는
나에겐 커다란 행복이며
인생에 두 번은 없을 보석이다

시샘달, 닷새

더 있어주라
조금만 기다려줘

급할 거 없는 앞날에
서둘러 떠날 이유 없잖아

끝내지 못한 일들이 많아
네 몫은 다 하고 가라

아직은 아니다
지금은 아니다

나도 금방 갈 테니
조금만 버텨주라

일분이 원망으로
원한으로 바뀌긴 싫어

염치없고 미안해
그래도 조금만 버텨주라

시샘달, 엿새

아무도 모르게
벌어진 틈 사이로
서서히 스며들어

잊으려 하면 찾아오는 기억은
애써 모른 척할 고통일지라도

무의식이 되어 순간마다 찾아오는
한 구간의 아린 마음이 되길

미친 듯 웃다가도
훅 하고 들어오는
사라지지 않을 존재이길

틈새 사이로 밀려와
막을 수 없이 굳어가
모서리 끝으로 자리를 잡고

생각 없이 고개를 들면 나타나는
눈을 감아도 문득문득 떠오르는

그렇게 너도 내가 미련이었으면
그렇게 너도 내가 후회였으면

시샘달, 이레

저물어 가는 강 끝 어딘가
보랏빛 하늘로 물들어갈 때

작은 조약돌 하나 주워
힘껏 멀리 던져본다

첨벙 찬물을 뚫고
한참을 내려가다 보면
발끝에 닿은 울퉁불퉁한 바닥

머리 위는 까맣고
발바닥은 거칠어지고
눈앞은 회색빛으로

시간이 지나 하늘을 보면
끝없는 계단이 펼쳐진다
뒤도 돌아보지 않고
한참을 오르고 올라
아무 생각도 들지 않을 때
그때엔 나는 그곳에 도착한다

나는 지금 끝 모를 계단을 오르고 있다

시샘달, 여드레

도취해 미친 듯 살았던 지난날들이
지금은 그랬었나 기억 속에 자리 잡아

억지로 들춰내야 겨우 보일 듯한 너의 흔적에
아무것도 들리지 않는 주위를 멍하니 닫고

모서리에 박힌 날들을 유인하다
풀에 지쳐 웅크린 너를 발견한다

꺼내려 하면 할수록 파고드는 너는
토라져 불러도 돌아보지 않고
한참을 다독여 달래니 겨우 돌아봄에

이제야 봐주냐며 꺼이꺼이 서러움 삼키고
한동안 흘기다 마지못해 기어 나온다

아무도 없는 뾰족하고 어두운 곳에
오래 머물게 한 나를 벌하지 않고
되려 나를 간지럽힌다

원망은 없고 잠시 토라진 마음뿐
여전히 순하고 여린 너는
구석에 박힌 세월이 무색하게
여전히 깨끗하고 맑구나

시샘달, 아흐레

매일을 드나든 대문을
오늘도 열고 길을 나선다

캄캄한 어둠에 나아가기 힘든
무거운 몸을 새벽에 이끌어본다

곧 밝아 올 아침을 기대하며
한 걸음 두 걸음 옮겨본다

걷어진 어둠에 희망을 걸며
두고 온 소중함에 내 하루를 건다

나를 보며 사는 사랑이 있기에
나에게 채워지는 사랑이 있기에

시샘달, 열흘

눈부시게 뜨거운 여름날
공중에 떠도는 고요함 사이

침묵하는 나무 위로 스치는 바람에
나뭇잎 부딪히는 소리만 울리고

물든 푸르름에 투명한 공기만 흐르면
내 마음도 따라서 차분해진다

비치는 햇살 따라 끝을 올려보면
저 멀리 아른아른 날아가는 행복에
쫓아 뛰다 돌부리에 순간 고꾸라지면

잘 따라오나 보던 행복이 멈칫 돌아
나를 일으켜 가만히 기다려준다

시샘달, 열하루

속삭이던 우리를 낡은 상자에 담고
손에 닿지 않는 곳에 올려놓는다

먼지 가득 쌓인 줄 모를 세월 지나
잊고 지난 행복을 이제야 열어보려
팔을 뻗어 내려본 추억은
여전히 찬란하게 빛나고 있다

주름진 손으로 힘껏 쥐어본 추억 사이로
낭랑한 빛과 함께 속삭임이 새어 나오고

작은 공간 가득 채운 우리 이야기는
지치지도 않는지 쉼 없이 재잘거린다

그때로 가득 찬 이 순간은
잠시나마 현실을 잊게 해주고
지난 사랑은 현재를 웃게 해준다

끊임없는 웃음소리 행복하고
덧없는 걱정에 행복하다

시샘달, 열이틀

차가운 땅에 누워 높은 하늘을 바라보다
팔을 뻗어 닿는 흙더미를 내게 쏟는다

고르지 않은 찬 가루들이
아무렇게나 내 몸을 덮으면
그때 나는 따뜻함을 느낀다

함께 지새운 날을 나와 함께 묻고
텅 빈 구멍이 흙으로 넘치면

숨구멍까지 차올라 발버둥도 잠시
체념한 듯 가만히 숨죽이고 누워 있다

이대로 몇 개의 밤이 지나야
울었던 기억이 추억이 될까

온몸을 누르는 차가운 흙이
포근함으로 느껴지면
추억이라 말할 수 있을까

시샘달, 열사흘

폭풍우가 지나길 바라며
처마 밑에 웅크린 채 기다린다

내 안의 형체 없는 슬픔은
아무도 달래주지 않고

빠르게 지나가기만 기다리며
혹여나 내 머리 위로 떨어질까
고개를 푹 숙이며 숨죽인다

마지막 방울이 떨어지고
고개를 들어 본 하늘엔
아무 일 없는 듯 고요함만

폭풍우 속이라도 뛰어들고 싶다
비바람 맞으며 춤을 추고 싶다
그렇게 미친 척 살고 싶다

시샘달, 열나흘

높은 하늘 끝없이 펼쳐져 있고
푹신한 잔디들이 끝없이 푸르고
꽃들 사이로 걷고 뛰놀아도 지칠 일 없는

달콤한 꿀들이 사방으로 맺혀 있고
배곯을 일도, 그리움도 없는

어둠은 찾아오지 않고
두려움 없이 설레는 일만 가득하다

몽글한 눈이 내 몸에 닿아도
춥지 않고 따뜻함에 기분 좋은

살랑이는 바람 불 땐
꽃향기 가득한 그곳에

그곳에 먼저 가 있을게

먼저 있는 이곳에
그저 느리게만 와주라

시샘달, 보름

익숙하지 않은 새벽 소리에 잠을 뒤척이며
시들어 가는 아픔에 주위 없이 무너지던 날
말없이 비추며 내 마음에 빛을 주던 너의 별

앓이 하던 겨울은 쫓아내고
소복이 쌓인 눈은 걷어주던
갈라지고 부서진 너의 별

바깥이 두려워 봉오리에 갇혀 메말라가면
갇혀 펴도 좋으니 고개만 들어 봐주라
내가 파묻히더라도 좋으니 곁에 있어줄게

희미해지는 별의 빛도 너에게 다 줄 테니
훗날 고개만 들어봐주길

시샘달, 열엿새

잔잔한 햇살에 세상은 연한 분홍색

살랑 봄바람에
흔들리며 춤추는
분홍색 세상은

향에 취해 멀미하던 바람이
한동안 머무를 머리를 내어준다

살아 있어 볼 수 있는 분홍빛 세상은
옅어진 하늘에도 수채화처럼 물들고

바람이 떠나고 올려다본 하늘에는
진한 사랑이 세상을 내려다보고 있다
세상은 진한 분홍색으로 다시 물들어간다

시샘달, 열이레

바싹 마른 가을 지나
갈라지는 겨울을 견뎌냈음에
봄을 누릴 설렘을 가진다

견뎌왔음에 묻는다
나는 이 봄을 가져도 되는지

시샘달, 열여드레

높은 곳을 올라가야
떨어질 수도 있고
날아갈 수도 있다

오를 용기가 있어야
잃을 무언가도
얻는 기쁨도 있다

바닥을 기어봐야
걸을 수 있다

빨리 갈 필요 없고
서두를 필요 없다

재촉하는 사람도 없다
용기만 필요할 뿐

시샘달, 열아흐레

속에서 올라오는 괴로움에
온몸을 미친 듯 긁어대고

날카로운 손톱 끝으로
내 살결이 걸린다

긁어도 떨어지지 않고
뜯기지도 않는 무언가에

울며불며 때려봐도
멀어지지 않는 깊은 한

고쳐 쓰고 싶은 영혼을
스스로 자책하던 세월

건어차면 부서질 방패를
뚫지 못하는 괴로움 속에
오늘도 나는 살고 있다

시샘달, 스무날

오랜 세월 침묵하던 밤이
기지개 펴고 일어나면

광활한 바다 아래 묻혀 있던
검정 속내가 떠오른다

메말라 있던 마음에
물이 튀어 스며들면

한 방울 두 방울은
뼈가 으스러지는 고통으로 다가와
고이고 고여 다시 바다가 된다

모인 물에 썩어 뭉개진 살에는
진동하는 악취가 나를 괴롭히고

비워낼 수 없는 썩은 물이 마르면
말라비틀어져 껍데기가 되어 부서지고
긁어내고 뜯어낸 자리에는 속살이 드러난다

검게 변한 그 속내는 원래 희고 이뻤을까

시샘달, 세이레

고독한 삶을 평화로움으로 속이고
증오스러운 마음을 무관심으로 돌린다

분노가 차올라 앞이 암흑으로 변하면
그땐 백기를 들어 승복한다

솔직하지 못하고 못난 나 자신에
그저 혐오스러운 미움만 남긴 채

패배로 가득 찬 머리와 마음에는
다시 원한 적 없던 화를 부른다

마음은 잡지 못하고 이길 생각으로
전쟁터에 다시 무작정 뛰어든다
다시 나 스스로를 등 떠민다

시샘달, 스무이틀

진하고 어두운 겨울 바다
동해에 나타난 시린 하루

저 끝에 보이는 잔잔함 속
울컥 밀려오는 두꺼운 몰아침

흰 땅이 흙색으로 밀려와
조금씩 스미듯 잠겨오면
너에게 내 회복을 바란다

깊은 바닥 밤하늘과 같을 때
어둡게 물들면 시린 기억은 없어질까

검푸른빛으로 나타난 너의 모습처럼
나도 같아지면 그때는 시린 마음 없어질까

시샘달, 스무사흘

살아남고 싶어서 살고 싶어서
언제 끝날지 모르는
괴로운 시간을 늘려본다

모든 기억이 되살아나서
내 목을 힘껏 조여온다

끝낼 용기 없고
끝낼 생각도 없다

살고 싶어서 끝을 다짐했는데
떠오르는 미련에 후회에
괴로운 시간만 질질 끌 뿐

숨을 끊어가는 고통은
더한 괴로움의 시작인 걸 모르고
여전히 두 손은 내 목을 감싸고 있다

시샘달, 스무나흘

너의 입술 끝에 불려진 나는
비로소 영혼이 담기고

곁으로 다가온 육신에
나는 숨을 내뱉어본다

거친 손끝 닿을 때엔
연한 보랏빛으로 물들고

입김 닿은 내 볼엔
황홀함이 느껴진다

무엇이든 되고 싶은 나는
아무것도 될 수 없던 내가

너로 인해 눈빛에 햇살을 담아본다
너로 인해 사라질 수 없는 내가 된다

시샘달, 스무닷새

꽃은 핀다
메마른 땅, 흙 없는 절벽에도

가느다란 뿌리 연약한 힘에도
붙잡고 위태롭게 서 있다

조그마한 무언가가 피어난다
턱 끝까지 잠겨든 흙탕물 속에도
끝내 꽃을 피워낸다

한줄기 가느다란 숨을 뱉어내고
발꿈치 들어 목을 쭉 빼어내
온몸 힘이 빠져 기울어져도

눈길 한번 받지 못한 나도
그렇게 이 악물고 끝내 피워낸다

3장
물오름달,
기다리는 이는 오지 않고

지친 하루를 보낸 당신에게 말하고 싶다

오늘도 수고했어!

물오름달, 하루

두꺼운 가죽을 뚫은
차가운 칼날 끝에는
검은 피가 맺힌다

힘껏 뽑아든 검두를
움켜쥔 두 손에는 힘이

뜨겁던 심장은 굳어가고
속은 까맣게 타 들어가
손 대면 가루처럼 부스러진다

딱딱한 몸뚱이를 끌어안으면
다리를 타고 흐르는 까만 물줄기에
온 바닥은 시커멓게 흥건해진다

두 손 모아 억지로 쓸어 담으며
너도 아픔을 아냐고 물어본다

너도 나와 같은 마음인지

물오름달, 이틀

식어가는 심장 끝에 서서
희미해진 온기 붙잡고
어린아이처럼 떼를 쓴다

길게 엮어 만든 마지막 매듭에
매달리며 잡고 늘어진 울분
감기는 눈동자는 기약 없는 약속이 되고

못다 한 말 두 손 잡아 전해도
여전히 반응 없는 돌덩이

기다린 적 없는 해 질 녘은 넘어가고
고통 없이 가려는 이 기어이 붙들어
얻어낸 이기적인 작은 위로 하나에
나는 겨우 안온해진다

물오름달, 사흘

무거운 몸 이끌고 나온 햇살 아래
항상 그 자리를 지키고 있는
길가에 핀 이름 모를 여린 잎
자세히 보니 둥근 모양이 사랑스럽다

숙여야 겨우 보이는 연약하고 자그마한
평생 몰랐을 존재에 마음이 뭉그러진다

쪼그려 앉아 숙인 채 쓰다듬어 본다
나와 같은 동정심에 한참을 어루만져 본다

물오름달, 나흘

어두운 구름에
비가 오려나

바람이 얌전하니
낮게 뜬 달이 차가워

떠오르는 달에 내 마음 비추면
그대 생각에 시린 속 밀려온다

점잖던 바람이 허리 펴고 일어나
내 속을 스칠 때면

외면하면 될까
애써 참아본다

이 새벽 한 장을 넘기면
그대를 그리지 않을
고요한 하루가 올까

물오름달, 닷새

눈 감으면 보이는 길
가만히 불어오는 바람에
춤추는 들꽃이 가득하고

살랑이는 바람 콧등 지나고
인사하며 남긴 간질거림

떠나간 긴 향기에 여운이 맴돌고
가만히 기다리니 들려오는 메아리에
고개 들어보니 보이는 그리움

남아있는 잔상에 기대어
앞으로 나는 살아간다

눈을 가려야 보이는 길에
두 눈 질끈 감아 그려본다

그때의 너와 나를

물오름달, 엿새

우거진 숲 빼곡하게 자리 잡은 나무 사이
쫓아 따라오던 작은 바스락 발자국

흔들리는 나뭇잎 사이로
반짝이던 하늘이 나를 부른다

멈춰 고개를 들고 눈 맞춤을 하니
따르던 발 소리 한 걸음 뒤에 멈춰 서고

어느새 옆으로 와 싱긋 웃는다
반짝이던 하늘이 나의 곁에 있다

물오름달, 이레

지난 사랑에 잔뜩 움츠러든 나는
새로운 사랑에 뒷걸음질 친다

마음 다 보여주면 떠날 거 같아
다가오는 사랑에 무서움만 커진다

같이 걷던 하늘을, 함께 눕던 구름을 보니
지난날 듣던 달콤함도 쓰디쓴 고통이 되어
나도 모르게 두 귀를 힘껏 부여잡는다

떠난 사랑에 발목 잡힌 나는
눈물샘마저 고장 나버려
아픈 기억은 뒤로할 수 없고
어두운 터널만 홀로 걷는다

저 끝 희미한 빛 따라 한참을 걸어도
같은 곳만 제자리걸음이다

떠난 기억에 아직도 머물러 사는 나는
돌아오지 않을 그날에 살고 싶은 나는

터널 끝으로 잡아 이끄는 새로운 사랑을 뿌리쳐버린다

물오름달, 여드레

움직일 수 없는 육신에 갇혀
꿈쩍없는 길을 가보려 한다

터져라 부름을 애써 외면하고
홀로 저 길을 가보려 한다

타오르는 불길 속에도
속은 뜨거워지지 않고

활활 거리는 소리는
귓가에 맴맴 돌 뿐

불길 사이로 들리는
목놓아 부르는 내 이름에

답할 수도 없고
돌아볼 수도 없다

찾지 마라
따라오지도 마라

먼저 갈 수 있음에 나는 미련 없다

물오름달, 아흐레

바다에 같이 가자
폭신한 모래 위에
맨발로 모래 움켜쥐었다가

철퍼덕 그대로 앉아
파도에 밀려오는
웃음소리 듣자

그대로 누워
하늘도 실컷 보고
눈 감고 바람도 느껴보자

바람에 춤추는 머리칼도
아무렇게나 놔두고

같이 손 잡고
저 끝까지 걷자

물오름달, 열흘

보이지 않는 사랑에
오늘도 나는 하루를 잃었다

잡을 수 없는 그대에
내일도 내 삶은 없겠지

물오름달, 열하루

작은 사각형에 갇혀
돌아가는 법도 모른 채
모서리에 머리를 박고
뜻 없는 제자리걸음만 한다

수없는 의미 없는 날을 지새고
위태롭게 살아가던 지난 나는
너를 통해 헤아리게 된 내 삶에
뒤돌아 곧은 길을 찾아가고

표정 없는 얼굴은 내려놓고
잔뜩 피워내는 수선화 꽃에
살아갈 내일을 기다린다

물오름달, 열이틀

지나친 행복이 도망갈까
넘어가는 저녁의 모퉁이에
과분한 너를 세워두고

잃을까 두려움도 잠시
익숙함에 다시 무뎌진다

온통 나를 위한 시선의
소중함도 모른 채

어두워도 볼 수 있다는
오만은 쌓여간다

물오름달, 열사흘

끝없이 밀려와 넘쳐나는 맑은 날
옷깃이 젖어도 따뜻함만 남는 거 보니
나에게도 사랑이 찾아왔나 보다

스미는 마음이 따뜻해지는 걸 보니
나에게도 네가 스며들었나 보다

물오름달, 열나흘

침 넘길 힘 없는 고통에
조그마한 숨을 겨우 뱉고

눈동자의 별도 서서히 꺼져가면
붙들고 떼써봐도 죄스러움만

아무런 도움 되지 못한
하찮은 존재에 무너지고

마른 너의 눈물만
대신 흘려 줄 뿐

가느다란 너의 한숨에
또 하루를 벌받고 있다

물오름달, 보름

소꿉놀이하던 작은 추억은
오랜 시간 지나 부재로 남아도
지워지지 않은 소중한 기억이다

먼 훗날 뜬금없는 안녕에도
뭉글거리는 그때가 떠올라

어제 만난 친구처럼 반갑기만 하다

물오름달, 열엿새

지난 나와 함께한 시간은 너에게
뿜어대는 담배 연기보다 못하나 보다
허공에 잠시 머물다 사라지는 존재인가

스미는 연기에 따가움도 못 느낀 채
눈앞에 잠시 떠 있다가 흩어진다

길게 뱉어 낸 매캐함에
숨 막혀오는 나를 보고도
아무렇지 않나 보다

물오름달, 열이레

오늘도 홀로 바다를 찾는다

멍하니 앉아 거친 파도가 일길 기다려본다
오늘따라 유독 잔잔한 바다에 서러움 차오르고
깊은 곳 뭐가 그리 좋아 내가 와도 나와보질 않나
얼굴 한번 비추러 나오려나 작은 기대를 걸어본다

잔잔한 물살이라도 느껴보려
발목 담그고 한참을 서 있길

저 멀리 끝에서 찰랑이는 낮은 파도에도
네가 밀려오나 싶어 심장이 미친 듯 뛴다

오랜 기다림 끝 밀려오는 파도는
두 팔 벌려 뛰어오는 너의 모습 같아
온몸으로 막아 이렇게 안아보는 너에
흠뻑 젖어대도 마냥 행복에 겹다

물오름달, 열여드레

봄아
내 사랑아

얼어붙은 시간
그 고통 어찌 견뎌 내

피워낸 꽃만 두고
바람 타고 떠나가나

봄만 홀로 두고
어디를 그리 머이가나

물오름달, 열아흐레

넘쳐대는 사랑 고마운 줄 모르고
짓밟아 뭉개던 교만함의 끝에
멀어지던 당신도 안중에 없다

뒤늦은 후회에도 돌이킬 수 없어
구태여 해대는 거짓으로
벌받아도 괜찮은 척 살아간다

모든 게 예뻤던 너는 기억 속에 있고
지금도 이쁠 너는 두 눈에 담을 수도 없다

눈물로 애원해도 지쳐버린 마음은
돌이킬 수 없는 그리움으로 벌 받는다

물오름달, 스무날

모진 말에도 떠나지 않고
속 썩고 있구나 품에 안던
너는 지금 내 곁에 없고

심장에 화살 꽂힌 채
슬피 돌아서던 그때도
너는 나를 사랑했겠구나

떨어지지 않는 발걸음
억지로 내몰아 밀어내니
몇 번을 뒤돌아 나를 살피던
미련한 너는 지금 없구나

물오름달, 세이레

드넓은 마당
옥색 빛 오간자는
바람에 날갯짓하고

맴돌던 나비는 얌전히
위로하듯 앉는다

나를 찾아온 기쁨에
지나간 이 목놓아 부르니
한참을 머물러 갈음한다

떠난 자리 어루만지며
머물다 간 너를 느껴본다

물오름달, 스무이틀

해 넘어가는 저녁 길
떨어지는 빗소리 사이로
들리는 너의 웃음소리

나눠쓰던 우산 속은
속삭이는 행복으로 가득하고

온종일 빗소리에
너의 얼굴만 떠오른다

드리우던 먹구름 걷혀
보랏빛 하늘이 비치면
희미해지는 미소

홀로 써 본 우산 속에는
너의 웃음소리가 보인다

4장
잎새달,
내 마음에 드는 햇살

나를 떠나는 것은 미련 없는 "안녕"을 하고
다가오는 것에 반갑게 "안녕"을 하자

잎새달, 하루

눈 감을 때마다 나타나는 잔상
하나둘 늘어나는 흰머리에도
진해지는 너의 기억은 고맙다

혹여나 잊힐까 애 태우며
마음 졸이던 세월을 너는 알까

태운 마음 알아주듯

또렷한 그대가 고맙고
또렷한 그때가 고맙다

잎새달, 이틀

얼었던 삶은 잊고
봄처럼 다가와
뜨겁게 사랑하다
마른 낙엽처럼 부서진 마음
또다시 시린 겨울만 남기고 떠나네

잎새달, 사흘

견딜 만큼 견뎌 낸 고통은 내려놓고
이제 먼 길을 떠나려고 한다

홀로 가는 길
쓸쓸하고 외로운 마음이 들 때엔
그 마음 허공에 띄울 테니
한번 쓰다듬어 주라

날아날아
서러움 북받칠 때엔
새벽녘 한숨으로 나타날 테니
해 뜨기 전 벗이 되어주라

잎새달, 나흘

고된 사랑에
모든 걸 내려놓아도
결말은 그리운 이

답 없는 결정에
마음 다해 사랑해도
떠나는 이 잡을 수 없네

고운 얼굴 잿빛으로 변해도
변하지 않을 마음인데

이게 맞는 건지
당신은 어떤지

한번 보지도 못한 채
잡아보지도 못하고 떠나보낸다

잎새달, 닷새

박힌 화살 뽑아내고
뚫린 구멍 채워지기도 전에

매섭게 돌아오는 또 다른 상처는
다시 날카롭게 등에 꽂혀버린다

부서져 가는 나는 보이지 않는지
꺼져가는 내 모습은 보이지 않는지

그렇게 모질게 나와야 편하다면
심장에 꽂힌 화살이 수천 개라도
나는 견딜 수 있다

소리 죽여 우는 건 내 몫이니
한 풀리면 그땐 멈춰다오

잎새달, 엿새

내가 가는 걸음 닦인 길마다
초라한 빛은 온 힘 다해 밝히고

한걸음 옮긴 발자국에는
당신의 무석한 사랑이 찍혀 있다

혹여 돌부리에 넘어질까
먼저 와 고생으로 닦아 놓은 길

나는 진작 알지 못하고
다다르고 나서야 돌아볼까

가끔은 뒤돌아보며
천천히 걸어볼 걸 그랬다

잎새달, 이레

정적인 내 인생에
애먼 돌멩이 던져
괜한 물결 일고

얕은 파동 숨죽여
잔잔해질 때면
또다시 돌을 던진다

하찮은 내게 무늬를 새겨주고
갖지 못했을 생기도 내어준다

내 것인 줄 알았던 지금을
너 없이는 갖지 못함에
다시 한번 유약함을 느낀다

잠시 발 담갔던 착각
처음부터 내 것이 아니었다

잎새달, 여드레

어디선가 숨 쉬고 있을
원하던 걸 이루고 있을
그리운 얼굴아

넘어져도 다칠 일 없고
슬픔과 그리운 감정 없는

미친 듯 뛰어도
숨 헐떡일 일 없이
행복함만 가득한
그곳은 여기보다 따뜻하니?

그곳에 너를 먼저 보내놓고
나는 오랜 이별을 하는 중이다

잎새달, 아흐레

못다 한 말 남겨두고
구름에 미련 실어 떠난다

끝맺음 없을 당신과
못다 한 아픔을 두고
오지 않으면 하는 오늘
미안한 마음 두고 떠난다

나에게 새겨진 당신은
내게 자리하고 있으니

먼 훗날 만나도
한눈에 너를 품을게

잎새달, 열흘

오늘은 혹시 오려나
수없이 뒤를 돌아보고

저 멀리 점처럼 보일까
멍하니 허공만 바라본다

낮은 하늘에 손짓하며
대답 없는 이름만 목 놓아
수천 번 불러보는 그 이름

뭐가 그리 버거워 떠나갔나
끝없는 자책에 그루잠을 잔다

내 손에 쥐여주고 떠난 복은
아까워 쓰지도 못한 채 꼬옥 쥐고
갚지 못할 앞날에 깊은 삼킴만

오늘은 올 수 있으려나
내일은 꼭 돌아오겠지
혹시나 마음에 다시 돌아본다

잎새달, 열하루

가는 시간에 묻어가면
당연히 피어날 줄 알았던
그날의 너의 꽃은

오랫동안 웅크린 채
고개를 들지 못한다

떨어지는 비에 다칠까
두 손 모아 가려주고

쏟아지는 햇살에
혹여나 따가울까 걱정에

혹시 어두운 밤 고개 들면
겁에 질리지 않을까 지샌 밤

얼마나 많은 시간을 떠나보내야
너의 꽃은 피울 수 있을까
우리는 눈맞춤 할 수 있을까

잎새달, 열이틀

오늘은 평온한 듯 지나가나 했더니
잊었던 심오한 바다에 물살이 이른다
작은 소리에도 쪼그라든 심장은
발등 위로 훅 하고 떨어졌다

주저앉아 붙들어 잡을 것도 없어
바닥을 납작 기어 삼키는 울음

들리지 않는 내 통곡소리에
창가에 든 달은 나를 비춘다

흐린 눈앞은 붉은 달빛으로 물들고
끝날까 했던 통곡은 흐느낌이 될 때
비로소 보이지 않는 위로를 받아본다

지지 않길 바라는 달에
내 속을 다시 달래보며
부디 내일의 평안을 바라본다

잎새달, 열사흘

풀 내음 여름 소리에
단잠에서 찬찬히 깨면

달콤한 냄새의 부름에
눈 비비며 쫓아간다

인자한 미소 띤 사랑의
품에 얼굴 파고 와락 안겨
덜 깬 잠투정을 연신 해본다

옅은 바람 이마 스치고
따뜻한 햇살 감은 눈에
주황색 물감으로 비치면

스르륵 감기는 두 눈 속에서
풀꽃 가득한 들판을 달려본다

잎새달, 열나흘

빼곡히 못 박혀
녹슬어가는 심장이어도

세상의 색을 잃어
푸른빛 없는 하늘이어도

닳은 무채색이어도 좋으니
그렇게라도 남아있고 싶다

잎새달, 보름

발버둥 치는 너를 두 손으로 감싸
억지로 품에 꼬옥 안고 있으면
벗어나려 한참을 씨름한다

상처받은 마음은 억눌러도 새어 나와
꺼이꺼이 삼켜내는 울음은 끝없고

작은 몸에서 느껴지는 그간의 고생은
속 깊은 곳에서 해대는 발길질로
한참을 징하니 울려댄다

제풀에 지쳐 잠잠해지다가도
톡 건드는 설움에 닭똥 같은 눈물은
두 볼을 타고 하염없이 흘러내리고
그간의 한은 오랫동안 달래지지 않는다

그 마음 잘 안다 다독이고 다독여
불안히 뛰는 심장을 꾹 눌러주면
서서히 진정되는 여린 마음은
서러운 과거를 겨우 갈무리한다

억지로 삼켜내는 서러움은
작은 몸으로 넘겨내기 버겁다

너를 두고 떠나는 일 없을 테니
서러운 지난 너는 잊고
겹겹이 쌓이는 행복만 누리길

잎새달, 열엿새

옆자리 여전히 허전한 풍경
오래전 걸었던 액자 속은
빛바랜 듯 점점 옅어지고

깊이 알 수 없는 검게 짙은
강물 속 물이 다 말라버려도
오랜 그리움은 마르지 않는다

무성히 피어오른 꽃도
하늘 가득한 눈부신 햇빛도
비어버린 풍경은 채우지 못하고

하루를 내려놓아도
익숙해지지 않는 이틀에
넋 놓은 사흘을 살아간다

잎새달, 열이레

조용한 갈색 거리를 걷다
바스락 소리에 발을 떼고
주춤 서서 올려다본 하늘은
보랏빛 어둠으로 물들어 간다

사이로 넓게 퍼진 주황색 노을은
굳어가던 마음을 어루만져 주며
하루의 고단함을 뜨겁게 녹여준다

지는 노을 위 보랏빛은 짙어지고
조금은 서늘한 가을바람이 불어오면
마른 낙엽들도 부딪히며 제 갈 길을 가고

완전한 어둠이 찾아오니
밤을 반기는 별들이 손을 흔든다

잎새달, 열여드레

익숙해지지 않은 이별에
몸부림치며 뜬눈으로 동이 트면
웃다가도 울컥 쏟아지는 너를
여전히 나는 손끝으로 스친다

어르는 바람에도 만져지고
멀리 햇살에도 보이는 너를
여전히 손끝으로 느껴본다

옅은 스침에도 확연한 존재에
함께 있어도 깊어지는 그리움에
오늘도 깊이 허우적거린다

아무것도 느껴지지 않는 고요함이 무서워
차라리 비바람 몰아치는 오늘이 반갑다

너에게 온몸이 쓸리는 고통보다
무뎌지는 그리움이 더 아프기에
손끝으로나마 오늘도 그리운 너를 느껴본다

잎새달, 열아흐레

오래된 앨범 속
빛바랜 사진 한 장

앳된 얼굴 속 나와 닮은 모습
걱정 없는 얼굴은 마냥 해맑고
천진난만한 포즈는 개구지다

청춘의 달콤함은 접어두고
속에 지닌 채 살았을 지난날

못난 걱정에 뭉그러진 가슴
내려놓은 삶은 얼굴에 보이고

늘어나는 세월만큼 주름지는 얼굴로
후회 없는 삶이었다 말하는 당신

수줍게 짓는 미소 사이로
사진 속 앳된 소녀를 만났다

잎새달, 스무날

너르던 등은 어느새 작아지고
무섭게만 느껴지던 목소리에는
누그러진 다정함만 남아 있다

한없이 작아진 나의 젊음은
돌이킬 수 없는 세월로 간직하고

술 없이 편히 들지 못하는 늦은 오늘
갈라진 손으로 쓸쓸히 술을 따라본다

야속한 세월은 온몸에 남아
쑤셔대는 통증으로 느껴지고

온몸 바쳐 지켜온 것들은
무정함으로 나에게 다가온다

쓸쓸한 아픔은 술기운을 빌려
오늘 하루도 스스로를 달래본다

잎새달, 세이레

제 살길 가겠다고 뒤 없이 떠나간
비정하다 못해 버려진 지난날들

행복함으로 묻고 살았던 날들이 걷어지니
반갑지 않은 안부들이 나를 찔러댄다

잊고 살았던 지난날들이 연기처럼 올라와
코끝에 닿는 매캐함으로 느껴질 때
두 눈마저 따끔하니 눈시울이 붉어진다

지난날 주마등처럼 스쳐 지나가면
정신없이 마지막 기억을 잡아끌고
갈기갈기 찢어 깊은 곳부터 묻어버린다
그렇게 모른 체하며 살 결심을 한다

저 땅속에 버린 잊고픈 날을 다시 묻고
두꺼운 행복을 다시 쏟아 올려본다

잎새달, 스무이틀

커다란 별이 항상 떠 있는 집에는
늦은 밤 모두가 잘 때 더 반짝인다

어릴 적 지붕 전체를 비추던 별은
세월이 갈수록 점점 희미해지고

의식 않던 날들이 지난 후에야
옅어진 별빛에 마음 초조해진다

뒤늦은 후회에 애써 빛을 담아봐도
점점 희미해지는 별빛은 어쩔 수 없다

어두운 밤이 오면 작아진 별빛을
뒤늦게나마 두 눈에 간직해 본다

잎새달, 스무사흘

소꿉놀이하며 펼쳐 본 하늘색 꽃동산
요정이 날아드는 꿈의 궁전은 없지만
오랜 시간 쌓아 온 나만의 세상이 있다

꿈꾸던 동화 속 이야기는 아니지만
그보다 더 값진 따스함이 맴돈다

넘어지면 다시 일어나 걷고
지치면 쉬어가며 살아온 길

부단히 걸어온 내 삶의 길을
찬찬히 하늘색으로 채워보려 한다

5장
푸른달,
우리는 꼭 행복할 거니까

무심코 올려다본 하늘에는

생각지도 못한 행운이 떠 있다

푸른달, 하루

죽을 거 같은 괴로움에
비어버린 속은 쓰라린다

맨발로 거친 길을 하염없이 걸어도
피투성이 된 발은 아프지 않고
갈리고 찢김 따위 안중에 없다

붙잡아 질척이고 싶어도
너는 어디로 숨어버렸는지
온 세상 헤매도 흔적 하나 없다

부름에도 대답 없는 너는
언젠가는 안아주러 올 거 같아
빈속을 무엇으로도 채우지 못한다

허공에 들려오는 익숙한 목소리는
하루하루 헛된 희망을 품게 하고
차라리 미치고 싶은 이 마음은
또렷한 너만 떠오르게 할 뿐이다

뒤늦은 쓰라림의 옥죄임은
온몸을 타고 서서히 올라와
공허한 나를 다시 각인시킨다

설마 하는 마음은 확신이 되고
흐르는 눈물로 텅 빈 마음을 달래본다

점점 말라가는 피는, 말라가는 눈물은
더 이상 고통스러운 이 마음 대신 못해
시간이 지날수록 너는 너무 선명하다

어리석은 하루를 온통 너에게 쏟고
터무니없는 기대를 하며 나를 쓴다

푸른달, 이틀

기다린 적 없는 소풍날
곱게 만든 꼬까옷 입히고
아끼던 신발도 꺼내 신겼다

머리도 연신 쓸어 넘기고
조막만 한 얼굴도 감싸 안는다

좋아하던 까까 쥐여주며
지치면 쉬엄가라 당부한다

돌아보지 말고 앞만 봐라
넘어져도 우지 마라 괜찮다

그만 가봐라 말하면서도
잡은 손아귀에는 힘이 들어간다

세상이 너무 작아 너를 품지 못하니
더 크고 좋은 세상 찾아가라 말한다

소풍 가서 실컷 뛰놀고
맛난 거 먹고 푹 자거라
영원한 내 아가야

푸른달, 사흘

연약한 발길질에 종일 차여도 좋고
약한 심장 소리 혹 놓칠까 귀 기울여
아무것도 하지 못해도 행복하다

느껴지지 않는 너의 온도 두 손으로 감싸
하루 종일 쓸어내려 느껴보고

우리만 아는 속삭임에
먹지 않아도 배부르다

너를 품은 햇살은 내 마음과 같고
너를 만날 설렘은 바다처럼 깊다

내 속에 날아든 크나큰 선물에
그날의 통증은 두렵지가 않다

푸른달, 나흘

낙엽이 말라 떨어져도 울지 마라
바닥에 쌓여 이리저리 뒹굴어도
떨어지는 비에 뒤엉켜 늘어붙어
흩어지는 계절이 물러나 떠나도

매일 걷던 거리가 바싹 말라있다
메마른 가지는 유독 뾰족해 보이고
날카로운 바람은 내 뺨을 때린다

들어오는 바람에 시린 마음이 굳어
차가워진 두 눈에 울컥 올라와도

하늘 올려다보며 꾹 참고 삼켜내
쓸쓸한 가을을 보내고 모퉁이 돌면
춥지 않은 겨울이 찾아올 테니 버텨라

푸른달, 닷새

강한 바람을 이기고 내린 뿌리는
더 깊고 단단히 박혀 꽃을 피운다

너도 내일이면 누구보다 강한 꽃을 피울 것이다

푸른달, 엿새

너의 손을 잡고 걸었던 길에는
처음 보는 반짝거림이 있다

돌아서는 모퉁이에도 쌓여있고
시선 따라 흐르는 하천에도 흐른다

지나는 길 돌아보니
가득 찬 눈부신 반짝거림에
온 동네에는 우리가 다닌다

어둑한 밤이 와서 불안함이 몰려와
잡은 손 놓고 싶은 마음이 생기거든
꾸며 온 길 뒤돌아보며
빛 잃지 말자 약속하자

푸른달, 이레

먼 길 살아온 흔적 얼굴에 나타나
포근하고 인자한 미소를 띠며

투박하고 소박한 지난 길은
돌아갈 수 없는 길이기에
아름답다고 말한다

형편없다 말하며 별거 아니라는 삶에는
결코 흉내 낼 수 없는 대단함이 보인다

본 적 없는 고생이 두 눈에 비치고
감히 얻을 수 없는 인생을 배워본다

검버섯 가득한 손으로 아무렇게나 만들어주는
할머니 비빔국수가 오늘따라 더 맛있다

푸른달, 여드레

억지로 잡고 있던 미련의 끈을
끝내 놓지 못하고 잡고 있다

놓치지 않으려 둘둘 엮은 손가락은
붉은 자국 사이사이 고름이 샌다

살을 파고드는 고통은
끊어질까 두려움에 잊고
시선은 온통 묶인 실 끝에 머문다

멀어질수록 팽팽해지는 끈에
나는 미치도록 불안해지고

나만 놓으면 끝날 시간은
파고드는 아픔에도 도망치듯 흘러간다

푸른달, 아흐레

너를 심어본다

깊숙이 심은 너는 뿌리를 내리고
내 심장 여기저기를 깊게 파고든다

뚫고 올라오는 여린 잎은 내 입술을 건들고
작은 꽃봉오리에 붕 뜬 마음 구름에 실으니
피어나는 꽃잎에 이 세상 다 가진 듯 행복하다

시들어 가는 잎에 마음이 철렁 내려앉고
하나둘 떨어지는 꽃잎은 이별일까 두려움이 된다

바닥에 쌓인 꽃잎에 미련을 두니
마른 넝쿨 가지는 내 온몸을 올라타고 휘감는다

푸른달, 열흘

보기만 해도 아까워 만지면 부서질까
애지중지 품어 온 떼어 놓지 못할 심장은
제 살길 떠나 내 눈을 멀리 벗어난다

닳아가는 내 속에서 뛰고 있는 너는
여전히 내 심장소리보다 더 크게 뛰고

숨 쉬는 지금도 느껴지는 존재가
나를 살아가게 하나 드는 생각에
가슴 쓸어 너를 어루만져 본다

속에 있는 너마저 사라질까
매일을 두 손으로 내 속에서 뛰고 있는
너를 쓸어내려 만나본다

푸른달, 열하루

지난 기억의 행복은
내게 기댈 수 있는 나무와 같아
힘들 때마다 등을 기대어 본다

어른이 되어도 머물러 있는 기억은
돌이킬 수 없는 길가의 안식처기에
희미해져 가는 나무에 색칠을 한다

높은 언덕 구름 아래 커다란 나무
오늘도 올라가 그 아래에 자리한다

푸른달, 열이틀

한차례 태풍이 지나고 고요하다
쓰나미처럼 몰아치는 바람에
몇 날을 뒤척이며 흘린 눈물은
고요한 공기와 함께 메말랐다

언제 그랬냐는 듯 놀리는 햇살은
흠뻑 젖었던 기억을 비추고 있고
붉게 핀 감정마저 말려버린다

바싹 말라버린 지난 태풍에
밤새워 흘렸던 기억도 부서지고
잊고 싶지 않은 작은 흔적마저 잃게 한다

푸른달, 열사흘

후회 가득한 너를 잃고도
아름다운 이별이라 말할 수 있는가

떠나는 너를 보고도
최선을 다했다 할 수 있는가

잠들기 전 떠오르는 지난 후회들을
돌이킬 수 없는 지난날들을 두고도
좋은 이별이 있다고 말할 수 있는가

소리 내어 울어도 보고
삼켜내는 울음에 체해도 봤다

못다 준 사랑이 많아
나는 아직 이별 전이다

푸른달, 열나흘

새벽잠에서 깨어
고개를 돌려보니
안개 낀 세상이 보인다

유리창에 바짝 다가가
깨지 않은 세상을 보니
뿌연 안개가 내 얼굴을 가린다

차가운 기운 눈앞에 겉돌면
긴 한숨 내뱉고 눈을 감아본다

걷어지지 않는 내 속의 안개는
오늘 하루를 종일 가릴 것이고

길어질 오늘 생각하니
텅 비어버린 속이 막혀온다

푸른달, 보름

오늘도 쏠 생각 없는 화살을 겨눈다
내 눈앞에 들이미는 깊은 원망은
아리고 쓰려 독이 되어 부식한다

녹슨 화살은 여전히 나를 향하고
놓을 생각도 없는 너의 손아귀는 부들거린다

아무 말도 할 수 없는 나는
너를 달래길 단념하고 그저 기다린다

원망이 비수가 되어
내 심장에 수번 꽂혀도

나는 아무 말도
아무것도 할 수 없다

놓지도 못할, 쏘지 못할 네가
오늘도 나는 미안하다

푸른달, 열엿새

지난 약속은 이루어지지 않고
짧은 시로 남아 있다

수번 읽고 읽어도 채워지지 않고
이룰 수 없는 약속의 미련은
주체할 수 없는 후회로 남아
깊은 곳 응어리가 되어 굳어있다

온종일 되뇌는 시 한 편은
나의 하루가 되어 버렸고

어딘가에 자리하고 있는
오지 않을 그날을 믿고
하루하루 손꼽아 기다린다

몇 개의 계절이 더 지나야
잊고 지낼 수 있을까

속에 박힌 그 시를
다시 또 읊어본다

푸른달, 열이레

녹색 가득한 거리 가운데 서 있다
온몸에는 힘이 잔뜩 들어간다

얼마나 기다려야 너는 뒤돌아볼지
서로를 포기하고 돌아서는 마음이
나를 포기하고 뒤돌아선 지금이
혼자 서 있는 내가 맞는 건지

한참을 서 있어도 보이지 않는 너에
짙은 적막을 깨고 한 걸음 떼어본다

옮겨지지 않는 두 걸음에
나는 다시 주저앉아 버리고

차라리 여기가 물속이라면
허우적거리다 가라앉을 텐데

당장이라도 부서질 거 같은 마음은 두고
녹색 거리는 여전히 푸르고 맑다

푸른달, 열여드레

가로등마저 꺼진 적막한 밤
우는소리 들릴까 입 막아 삼킨다

뜨거운 눈물은 얼굴을 타고
온몸을 흠뻑 적셔내고

뒤집어 쓴 이불 속 공기에
머리는 계속 뜨거워지고
가슴은 한없이 차가워진다

한숨 보내고 감아본 두 눈
시커먼 속에 비친 별 하나는
아득히 먼 곳에서 나를 비춰준다

소리 없이 전해 온 작은 별의 위로에
고여있는 눈물을 손등으로 닦아본다

동이 트면 저 위로마저 사라져버릴까
잠들지 못하고 눈 감은 채 느린 밤은 침묵한다

푸른달, 열아흐레

푸르던 초록색은 한풀 꺾여 지나가고
스산한 억새풀 흩날리는 소리 나면
손에 닿지 않는 하늘이 높아진다

추억의 길 지니고 걸으니
저 끝에 서 있던 너는
점처럼 작은 나를 보고
반갑지 않은 손을 흔들어 댄다

무성한 뜨거운 초록 길 한가운데
애타는 부름에도 외면하던 너는
비참한 더위가 가고 나서야
반갑지 않은 손을 내민다

높았던 하늘은 손끝에 닿고
강한 바람에 억새풀 누우니
비로소 나는 깨달았다

그 뜨거운 여름날에도
너는 이 바람처럼 차가웠었지

푸른달, 스무날

오늘도 스치는 바람 타고 나의 코끝에 닿는다
매일같이 찾아오는 향기는 이제 나를 부를까
괜한 기대를 하고 고개를 살며시 들어본다

온몸에 배어버린 진한 향기에
그때로 돌아간 듯한 착각을 한다

착각마저 사라질까 스스로를 껴안고
무엇으로도 대체할 수 없는 그때는
이토록 먼 시간을 가도 나를 쫓아온다

손끝까지 배어버린 너의 향기에
스스로 나의 얼굴을 어루만져 보며
이렇게나마 그때의 너를 다시 그려본다

푸른달, 세이레

꽃 소리 가득한 좁은 골목길
어깨 위로 떨어진 고운 꽃잎에
하얀 행복이 옷깃에 묻어나고
맞닿은 손등에 설렘이 찾아온다

오래된 작은 책방 앞에 멈추니
바람에 내리는 꽃비에 향긋하고
멀리서 들려오는 사월의 음악은
꽃잎을 타고 내 앞에 흩날린다

한 손 뻗어 담아 본 흥얼거림은
온종일 기분 좋은 선물로 남는다

간직하고 싶은 봄이 생겼다

푸른달, 스무이틀

고단한 하루 끝을 달래주는 이 없이
쓰디쓴 술로 하소연해 본다

여기저기 치여버린 오늘은
성한 곳 없이 너덜거리고

삼켜내느라 애쓴 목구멍은
침을 넘겨도 따끔거린다

사라져버린 내 편은
어딘가에 존재하는지

빈자리 유독 뚫린 듯 커서
가슴을 쳐대도 통증은 없다

긴 밤은 끝나지 않고
내려가지 않는 고단함에
무심결 본 하늘에는
오늘따라 별 하나가 유독 반짝인다

푸른달, 스무사흘

조각난 바다 위를 떠다니는 낡은 배 하나
위에 누인 힘없는 나는 아무것도 할 수 없다

바닥을 긁는 날카로운 당신은
이젠 내 삶마저 마구 긁어댄다

작은 등은 온갖 생채기로 엉망이고
바닷물인지 내 마음인지 모를
어두운 물은 상처 사이로 스며 따끔거린다

날카로운 조각들이 내 위로 넘쳐나고
숨구멍 사이로 비집고 들어오면 체념한다

밀려들어오는 당신은 나는 너무 아프다
내 숨마저 끊으려는 감내 못할 무게에
나는 저 아래로 점점 가라앉는다

푸른달, 스무나흘

머무르고 간 곳에 안개비가 내린다
바싹 말라 공기마저 갈라지던 곳에
부옇게 안개가 끼더니 축축해진다

다섯 번의 계절이 바뀌어도
사막과 같던 이곳에 빗방울이 스민다

깊이 박혀있던 오랜 네가 꿈틀거린다
수 밤을 머물러도 작은 움직임 없던
그곳에 조그마한 싹이 올라온다

흔적 없이 떠나고 나서야 심장을 뚫는다
네가 있던 이곳이 메마른 모래사막인 걸
나는 지금에서야 알았다

푸른달, 스무닷새

찾아올 봄을 핑계로 피워본다

겨울 끝의 흔적이 무색할 만큼
고개 든 오늘이 너무 포근하다

마른나무 가지 끝 꽃봉오리에
곧 피어날 당신을 담아본다

이어 짙은 어둠이 찾아오고
반짝이는 밤 하늘이 걷어지면
이내 찾아올 희망을 담아본다

머지않아 채워질 꽃무리에
하나, 둘 밤이 지나길 세어본다

에필로그
다 짊어지고 살지 않아도 괜찮다

나의 인연에 있어서 좋은 사람과 나쁜 사람은 없다.
다만 나와 맞지 않는 사람은 있을 수 있다고 생각한다. 맞지 않은 사람도 나와 닿은 소중한 인연이다. 나중에 이별을 하더라도 후회하지 않으려고 짧게 스치든 길게 스치든 닿아있는 시간에는 최선을 다하려 한다.

오랫동안 연락없던 친구가 뜬금없는 연락을 해와도, 사사로운 부탁을 하는 친구도 다 나를 찾는 데엔 이유가 있지 않을까 하는 마음에 이야기를 듣다 보면 나는 순간순간 고마운 마음이 들 때가 더 많다. 정신없이 살다 보면 잊고 지내는 일도 많은데 깊숙한 곳 한편에 내가 자리하고 있었던 거니 이보다 더 고마운 일이 또 있을 수가 있는가. 오랜 시간 지나 나를 찾아오는 이에게 큰 도움은 못 주더라도 적어도 하소연 정도는 마음 열고 들어 줄 수 있지 않을까 하는 여유도 생겼다.

내 사람이라고 생각 드는 사람은 놓치고 싶지 않다. 그래서 모든 것을 대할 때 있는 그대로를 사랑하려고 한다. 누구나 좋은 상황, 나쁜 상황이 있을 수 있다. 언제 어떤 일이 생길지 모르는 게 인생 아닌가.
묵묵히 응원해 주고 그 마음을 들어주다 보면 좋은 날은 분명 온다. 그렇게 이어진 좋은 날은 분명 오래 갈 것이다.

그리고 미운 점까지 사랑해버리면 그 사람 자체가 사랑스러워진다. 처음에는 어려울 수 있지만 좋은 점만 보다 보면 보는 관점도 달라지고 또 내가, 서로가 상처를 덜 받으면서 살 수 있는 방법이기도 하다.

상처를 아예 안 받고 살 수는 없다. 겪고 싶지 않은 일도 분명 생긴다. 그럴 땐 상처가 덧나지 않게 빠르게 연고를 바르면 된다. 어차피 일어날 일이었다고 생각하면 편하다. 지금 내가 느끼는 감정도 부정할 수 없는 나의 감정이고 내 삶이다. 슬플 땐 실컷 슬퍼하고 또 웃을 일이 생기면 마음 놓고 웃으면 된다. 그렇게 스스로에게 연고를 바르며 딱지 앉기를 기다리면 흉터 없이 상처가 나을 거다.

나의 글을 읽어 준 당신도 내 사람이다.
앞으로 당신의 긴 삶에 어려운 일로 방황도 하며 주저앉아 엉엉 울기도 할 것이고 어두운 터널을 오랫동안 걸을 수도 있다. 하지만 걱정 마라. 너무 힘이 들면 언제든 나를 찾아도 좋다. 나는 아무 말 없이 당신을 힘껏 안아줄 거다.
흐르는 눈물도 닦아 줄 거고 따뜻한 밥도 먹이고 괜찮다 걱정마라 다독여 줄 거다. 어떠한 일이라도 함께 이겨내면 더 단단해진다.

모든 걸 홀로 감내하려 하지 말고 오래 묵은 마음의 짐은 조금씩 내려놓고 살아도 된다. 무슨 일 앞에서든 마음 편하게 가지고 임하다 보면 힘듦은 무뎌질 것이고 행복한 일은 머지않아 일어날 거다. 그리고 옆에는 당신을 보듬어 줄 사람이 분명 존재한다.

날씨가 좋다.
좋아하는 음악 들으며 산책길을 걷기에 너무 좋은 날씨다. 동네 한적한 카페에 가서 아메리카노도 마셔보고 잘 가지 않던 극장을 찾아 영화 한 편도 보고 그렇게 하루를 마무리하면 좋은 내일은 분명히 찾아올 것이니 걱정 말고 하루를 즐겼으면 좋겠다.

내 주위의 모든 이가 아무 탈 없이 행복하게 살아갈 수 있도록 나는 오늘도 진심으로 기도한다.